Comprendre l'interdit

© Max Milo éditions, Paris, 2011
« Comprendre/essai graphique »
www.maxmilo.com
ISBN : 978-2-31500-299-3

Henri-Pierre Jeudy
Aleksi Cavaillez

Comprendre l'interdit

1

La manie d'interdire

« Fais pas ci, fais pas ça, viens ici, mets-toi là », la célèbre chanson de Jacques Dutronc révèle combien l'enfant vit dans une ambiance rythmée par la prolifération des interdits. Toute initiative de sa part semble frappée d'annulation comme si l'impossibilité de vivre sa liberté était sa condition primordiale. La chanson se termine ainsi : « Vous en faites pas les gars, moi aussi on m'a dit ça et j'en suis arrivé là. » L'humour d'une telle ritournelle épouse la cadence de l'interdiction, répétitive, infernale, et propose une fin salvatrice qui laisse entendre que le harcèlement des interdits n'empêche en rien la possibilité de vivre. C'est un semblable retournement philosophique que peut opérer l'enfant en constatant que « tout est possible » parce que justement tout est interdit. **Comment faire l'expérience du possible autrement qu'en s'opposant à la prohibition ?**

Cette joie irréductible de l'enfant à faire ce qui lui est interdit advient de ses innombrables manières de s'opposer à l'interdiction. Le plus souvent, il compte sur l'effet d'épuisement que produit la réitération de l'injonction négative de l'adulte qui finirait bien par s'érailler la voix à force de vociférer. Il peut aussi « tout faire » en cachette jusqu'au moment où il sera pris en flagrant délit de non-respect de l'interdit. Mais cette idée que le monde puisse lui appartenir suppose un jeu permanent avec « l'ambiance de proscription » stimulée par les interdictions. Plus on lui enjoint de ne pas faire ceci ou cela, plus il le fera, et cette manie infantile qui perdure parfois jusqu'à un âge avancé se présente bien comme l'effraction du désir. Notre esprit de révolte qui ne disparaît pas au fil du temps se heurte aux excès de la complaisance que nous entretenons avec un confort moral. **La tentation de dire ce qu'il ne faut pas dire ou de faire ce qu'il ne faut pas faire nous hante parce qu'elle coïncide avec la mesure que nous donnons à l'exercice de notre liberté.**

Enfant, la première interdiction qui m'a fasciné est l'inscription qui se trouvait en bas des fenêtres dans les wagons de chemin de fer : « Il est dangereux de se pencher au-dehors ». Baisser la vitre, passer la tête de l'autre côté devait être sans conteste une tentation commune. Vous pouvez voir le paysage défiler derrière la vitre, et pourtant vous avez bien envie d'y mettre la tête pour entrer dans l'image. Ce n'est pas comparable au geste de soulever ou de tirer un rideau derrière lequel, vous dirait un psychanalyste lacanien, vous découvrirez le rien. Ce n'est pas non plus le passage impossible pour les kantiens, du phénomène au noumène, ou encore l'expérience platonicienne du mythe de la caverne… Il s'agit juste de plonger la tête dans le vent d'une réalité inaccessible parce que les traces de poussière noire sur la vitre voilent le paysage, surtout quand il se met à pleuvoir ou pour la bonne raison qu'un train peut surgir en sens inverse et vous décapiter. Était-ce un conseil plutôt qu'une interdiction ? Je savais, comme tous les enfants, qu'il y a des choses à ne pas voir, à ne pas faire. Était-ce pour autant dangereux ? Ce pressentiment de ce qui est prohibé sans connaître le sens du mot prohibition me mettait dans cet état pour le moins commun de désirer voir ce que je ne devais pas voir. Mais c'est beaucoup plus tard, après avoir grandi, que le jeune garçon que j'étais comprit qu'il ne devait pas regarder de trop près le sexe de sa mère ou celui de sa sœur.

Cette relation entre l'invocation du danger exprimé par « il est dangereux de se pencher au-dehors » et la prohibition de l'inceste ne va pas de soi, sauf si on admet que, dans l'imaginaire de l'enfant, le dehors, c'est le sexe de l'autre, celui qu'il ne doit pas voir. Aujourd'hui, pareille scène ne peut plus se produire puisque les wagons climatisés ont des vitres inamovibles. Le paysage demeure à tout jamais de l'autre côté de la vitre, et « mettre la tête dehors » quand on est dans le train n'est plus le fruit d'une tentation.

Désormais, les enfants peuvent utiliser les interdits contre les adultes, y compris contre leurs propres parents qui commettent en leur présence une infraction menaçante pour leur santé. « Tu veux notre mort ! » s'exclament-ils quand leur père allume une cigarette dans la voiture. Un tel usage des interdits permet à l'enfant d'exercer lui-même un contrôle sur les faits et gestes des parents en leur rappelant non sans ironie que leur « bonne conduite » doit servir

d'exemple. La publicité se sert de l'enfant comme d'un prescripteur actif autant pour imposer le respect des normes de la conduite automobile que celui des règles de la santé. **L'enfant ne subit plus seulement les interdits, il a le pouvoir de « rappeler à l'ordre » ses propres parents quand ceux-ci n'appliquent pas les normes de protection de leur vie.**

Dans un ordre régi par des normes pour la survie, l'enjeu est d'apprendre « à s'interdire » tout ce qui menace la vie, en considérant qu'il s'agit bien d'appliquer des obligations rendues « naturelles ». C'est d'ailleurs pourquoi le rejet flagrant d'une interdiction – comme celle de fumer – passe pour un signe de régression infantile. Faire ce qu'il ne faut pas faire est une manifestation d'irresponsabilité. Les interdits qui régissent la vie quotidienne semblent aussi répondre à des nécessités vitales pour le devenir de l'humanité. Des raisons sanitaires, prophylactiques, environnementales, viennent toujours légitimer les normes. Quel rapport y a-t-il entre l'interdit et la norme ?

L'ESPACE NORMATIF DANS LEQUEL NUS VIVONS, QU'IL SOIT PRIVÉ OU PUBLIC, NE PEUT DEVENIR EFFICIENT S'IL N'EST PAS SOUTENU PAR UNE VOLONTÉ COMMUNE D'INTERDIRE. La reconnaissance de ce qui porte préjudice à la santé forge une objectivité indubitable de la norme. Ainsi, le sens donné à l'interdit lui-même ne serait

pas remis en cause puisqu'il aurait une qualité écologique universelle. **Cette légitimité des normes devient un fondement moral de l'interdit. C'est le bien commun qu'il faut en quelque sorte préserver.** Comment douter d'un interdit qui s'impose au nom de la raison et du bien pour tous ? Ce n'est plus une personne qui vous dicte des interdits, c'est l'interdit lui-même qui affiche publiquement son bien-fondé. Plus personne n'aura besoin de dire : « Tu ne feras pas cela », l'interdit se personnalise lui-même en chacun de nos gestes (ou de nos écogestes) de façon automatique. Son rôle est de ne plus apparaître lui-même comme un signe prohibitif grâce à l'effet incroyable de son imposition en nécessité absolue. « Je ne fais pas ceci ou cela » parce que c'est interdit, mais pour la raison que c'est vital et nécessaire. Je me donne ainsi l'illusion que c'est de mon plein gré. Le partage d'une didactique de la vie quotidienne, fondée sur la compréhension et l'application des normes, semble permettre de se représenter une vie future possible.

Pareille reconnaissance commune de l'utilité paraît pourtant contredite par des mouvements de colère individuels ou communautaires. « Il est interdit d'interdire », cette injonction provocatrice de Mai 68 est devenue un slogan dont la puissance de suggestion demeure anachronique mais encore actuelle. Elle peut paraître naïve et désuète parce qu'elle invoque un idéal de liberté absolue qui s'avère impossible, mais elle perdure comme l'horizon des révoltes contre tous les abus d'autorité. Certes, tous les interdits ne viennent pas de l'exercice d'un pouvoir, et quand ils deviennent des normes dont la nécessité semble inéluctable, leur rôle ne serait plus de nier « notre » liberté mais de la protéger. **En quelques décennies, la montée en puissance de l'écologie révèle combien le choix et l'imposition de normes pour « sauver la planète » se présentent comme une exigence primordiale.** Du coup, l'interdit semble avoir viré de bord en passant pour une garantie de survie collective. Protéger toutes les chances de sauver « notre » liberté supposerait le respect « naturel » des interdits sans que ceux-ci soient vécus comme tels. Ce retournement pour le moins paradoxal change-t-il nos manières d'imaginer ce que peut être « notre » liberté ? L'incitation à l'éco-responsabilité est la mise en perspective d'un avenir construit par la reconnaissance collective d'une rationalité objective et partagée qui annulerait la représentation même de l'interdit.

Si en 1968, l'interdit décrié est d'ordre moral avant même d'être parental, la révolte de l'adolescent s'exprime plutôt contre ce qu'il considère comme un abus de pouvoir. Quand un enseignant qui distribue des devoirs se fait traiter de « nazi », on peut se demander à juste titre si la remise en cause de son pouvoir n'est pas déplacée. Tous les moyens les plus retors sont bons pour satisfaire l'adolescent qui se pose comme sujet dénonciateur de l'autoritarisme. Le devoir devient curieusement la représentation de l'interdit contre lequel il s'insurge et l'autorité serait en ce sens l'expression de l'interdiction de ne pas faire « ses » devoirs. **L'interdit se présente comme une figure réversible : il contient ce qu'il faut faire et ce qu'il ne faut pas faire, mais ce qu'il faut faire est toujours déduit de ce qu'il ne faut pas faire.**

SI L'INTERDIT EST OBJECTIF, IL N'EST PLUS REPRÉSENTÉ PAR UNE PERSONNE, ET C'EST L'INJONCTION FAITE POUR LE RESPECTER QUI RÉINTRODUIT LA PRÉSENCE D'UNE AUTORITÉ. Dans un autobus, le conducteur doit-il ou non intervenir pour rappeler à l'ordre l'usager qui passe sous ses yeux sans ticket ? S'il ne le fait pas, est-il complice de la fraude ? S'il est interdit de voyager sans titre de transport, l'agent est responsable du respect de la règle. Dans les autobus parisiens, une nouvelle inscription a été apposée sur la vitre du milieu : « Si chacun fait ses règles, tout se dérègle ». Elle prouverait que l'appel aux civilités est plus essentiel que l'injonction des interdits. Si on vous dit : « Vous prenez la place réservée à la poussette » sur un ton qui n'est point aimable, on vous signale une infraction de la règle en vous enjoignant de vous écarter alors que vous n'êtes pas en mesure d'obtempérer parce qu'il y a trop de monde. Les poussettes s'imposent comme des petits tanks qu'il faut contourner au prix de contorsions incroyables pour consacrer la place de l'enfant dans une société où la démographie était en péril. Je ne peux pas dire « haut et fort » : « Il est interdit de me marcher sur les pieds. » Les rapports de civilité deviendraient-ils des échanges de sommations ?

Chacun a pu remarquer que l'interdit de fumer avait créé une ambiance nouvelle dans l'espace public. Sur les terrasses des cafés, au soleil du printemps, fumeurs et

non-fumeurs sont obligés de se côtoyer. Les non-fumeurs espèrent qu'un jour il sera interdit de fumer dans tout espace ouvert au public, car ils sont pour ainsi dire contraints de partager avec les fumeurs la jouissance de l'arbitraire d'une loi qu'ils auraient souhaitée plus radicale encore. **Il n'empêche que les fumeurs ont l'air de jouer avec les règles comme des enfants.** Dans la cour du célèbre restaurant Chartier à Paris, plusieurs pictogrammes signalent l'interdiction de fumer là. J'ai vu une femme asiatique avec une cigarette aux lèvres envoyer sa fumée contre le fameux symbole. Je me suis approché d'elle pour lui demander pourquoi elle prenait cette posture, elle m'a dit : « C'est ce qui me fait le plus plaisir. » Elle envoyait sa fumée à la face de l'interdit. Curieusement, la moindre transgression passe pour un geste ostentatoire dans l'espace public. Des hommes « se soulagent » malgré la présence d'un panneau d'interdiction d'uriner composé de plusieurs lignes qu'il leur est impossible de lire quand ils ont une envie trop pressante. L'interdit est-il là pour contenir la satisfaction d'une pulsion qui, elle, ne semble guère être en mesure d'attendre ? Et comment peuvent faire les femmes ?

Chacun retient en soi un désir d'interdit qu'il aimerait bien imposer à l'autre. Dans les transports en commun, ce désir devient très actif. Il se cristallise d'abord sur l'odeur de l'autre. Comment interdire publiquement de

« sentir mauvais » ? Nul ne peut ignorer que l'attraction ou la répulsion qui stimulent l'odorat demeurent culturelles. Dans certains pays, on entend dire que les Français ne se lavent pas. Il y a les gens qui transpirent, il y a ceux qui croient avoir la chance d'être inodores. La promiscuité exacerbe la violence de la répulsion quand nous estimons que notre espace vital est menacé. La place qu'un corps occupe, et la manière dont celui-ci produit une odeur qui n'est pas supportable, peuvent provoquer du dégoût. Étant donné la variété des signes odoriférants, imaginez la quantité de pictogrammes qu'il faudrait si les interdits souhaités par des gens qui maugréent dans les transports publics étaient dessinés sur les vitres. L'imaginaire de l'interdit adressé à l'autre dans un silence rageur ne connaît pas de mesure. La tolérance, si elle n'est pas l'effet d'un choix, s'exerce-t-elle comme une obligation convenue pour sauver les apparences ?

Il faudrait se demander comment la propagation du désir d'interdire (toujours pour l'autre et non pour soi) peut devenir une maladie du corps social. Le consensualisme que produit la multiplication des interdits se retourne contre tout geste ostensible d'une quelconque transgression, involontaire ou non, laquelle est frappée d'insouciance ou de mauvaise foi. Au regard des normes écologiques, on est ainsi invité à constater combien l'interdit, compris et accepté pour sa nécessité universelle, est le signe même de l'intelligence commune d'une société qui se trouve capable de réfléchir son destin au lieu de consentir à la catastrophe. **L'atmosphère d'interdiction peut-elle s'amplifier sans risquer de devenir trop pesante, sans engendrer trop de suspi-**

cion, tel un bienfait pour le devenir de l'humanité ?
Tout interdit posé pour des raisons écologiques rend la tentative de sa transgression grotesque. Je peux être agacé par des interdits mais non par des normes que je dois accepter comme « fondées ». La norme a pour ainsi dire une « aura » qui offre à l'interdit sa raison d'être. Ainsi la révolte contre les interdits semble puérile quand ceux-ci affichent la puissance de la norme environnementale. Je peux rire parfois de la complexité du tri des déchets mais je ne peux plus me moquer du principe lui-même sans paraître ridicule et inconséquent. Quand la contrainte provoque une réaction automatique qui fait oublier son pouvoir, elle gagne en banalisation ce qu'elle perd en effet de coercition. Ainsi chacun finit par obéir aux normes environnementales sans même y réfléchir.

Face au développement d'une rationalité normative accomplie au nom de la survie de l'humanité, les comportements tenus pour déviants sont frappés du sceau de la régression infantile. **Telle une mesure, l'interdit devient la raison d'être d'un équilibre de la vie.** Plus s'exerce sa puissance normative, plus la société peut se représenter sa capacité de réflexivité qui lui permet d'assurer son avenir. Du coup, la reconnaissance de l'interdit est le signe tangible de la responsabilité. Sont irresponsables ceux qui ne respectent pas la légitimité de la proscription. La normativité, créant une forme d'ambiance sociale au quotidien, se fonde sur le lien indissoluble entre la prescription et la proscription : ce qui est prescrit prend sens et finalité avec ce qui est proscrit.

Mais tel est le paradoxe : plus on est acculé à se sentir responsable, plus l'impression tenace d'impuissance nous assiège. On entend dire que les gens ne réagissent plus, qu'ils sont résignés à accepter toutes les mesures prises pour conjurer leurs angoisses de l'avenir. Ainsi, un sentiment collectif d'impuissance se retranche derrière le constat d'un « état des choses » contre lequel on ne peut rien. Celui-ci semble aussi trouver une alternative dans un humanitarisme consensuel et universel qui rend inconvenante toute représentation d'une perte de nos libertés. Au rythme de la diffusion médiatique des horreurs et des malheurs, l'exercice collectif de la commisération donne *un sens sacrificiel à la restriction*. Toute la culpabilité qui peut naître de la vision quotidienne de la misère et de la détresse se trouve transférée dans l'organisation d'une compassion massive à l'égard de celles ou ceux qui réclament un « droit à ». La revendication d'un « droit à », peu importe son objet, révèle combien l'aspiration à la possibilité de survivre appelle une mansuétude humaniste. À l'époque encore récente où l'on parlait de l'État providence, l'individu se positionnait « en victime » pour revendiquer les aides nécessaires à sa survie. Aujourd'hui, il est « victime » et « responsable », ce qui en somme définit son impuissance. Ce qui permet au pouvoir politique d'exhiber l'apparence de son efficacité réelle et immédiate dans toutes les situations, en construisant la mise en scène de ses capacités d'intervention. La simulation de ce qui ressemble à l'état d'exception caractérisant le totalitarisme légitime toutes les restrictions possibles.

Pour sortir d'une crise, qu'elle soit économique, écologique, ou qu'elle ait d'autres raisons, la figure qui s'impose est celle d'un sacrifice partagé. Il faut apprendre plus que jamais à « s'interdire » ! Cet esprit de parcimonie est plus mental que réellement économique puisque la consommation se porte plutôt à merveille. « S'interdire » de dépenser trop se traduit alors par la reconnaissance d'une nécessité qui se dispense de la liberté de choix.

Il y a déjà quelques années, une vidéo publicitaire pour la marque de voiture Audi présentait, dans un premier temps, un homme qui a pété les plombs en découvrant sa liberté. On le voyait enlever ses vêtements l'un après l'autre, les jeter en l'air, dans un état d'exaltation, comme s'il se libérait de toutes les contraintes. Au moment où il est presque nu, il regarde passer une voiture Audi. Peu à peu, il remet ses vêtements et retrouve son allure de cadre moyen avec son costard, sa cravate et son attaché-case. La morale de l'histoire s'affiche avec cette question : « A-t-on la

liberté de choisir ? » La liberté de choix était le moteur de la consommation, toute la publicité fonctionnait en incitant les consommateurs à vivre dans l'expectative de désirer ardemment ce qu'ils voulaient. Cette séquence publicitaire montre au contraire que la consommation est une obligation collective. Plus besoin d'une exaltation du désir d'achat, la logique de la consommation s'impose comme l'unique finalité de la vie. On peut choisir machinalement entre un produit et un autre, mais il faut qu'au préalable le sentiment d'être libre de choisir s'efface derrière le truisme de la nécessité.

Le choix se légitime à partir d'un « je n'ai pas le choix ». Qu'il s'agisse d'élection politique, de programmes écologique, culturel, social, le même constat s'impose : la liberté préalable de choisir est un obstacle qu'il faut lever en acceptant le fait d'être acculé à la réalité du besoin de consommation.

C'EST TOUJOURS AU NOM DE LA CRISE ÉCONOMIQUE, DU DÉSARROI QU'ELLE PROVOQUE, DE LA PEUR DES CATASTROPHES SOCIALES, SANITAIRES OU AUTRES, QUE LA JUSTESSE DES DÉCISIONS ADOPTÉES DEMEURE INDISCUTABLE. Prise pour une règle, l'évidence se fait nécessité absolue. « On ne peut pas faire autrement, c'est le bon sens ! » Le changement des comportements sociaux n'est plus une figure de rêve, il n'est que l'effet attendu de restrictions collectives rendues objectivement nécessaires, bien qu'elles permettent aux uns de s'enrichir tandis que les autres s'appauvrissent. Les résistances manifestées passent alors pour les conséquences néfastes d'une organisation désormais révolue des grandes conquêtes sociales. **Vivre avec son temps, n'est-ce pas vivre, sans états d'âme, une anticipation rationnelle et parcimonieuse de la vie ?**

La suspicion grandit à l'égard des récalcitrants qui n'appliquent pas les normes, et l'appel à des modes de vie différents, qui devraient correspondre à de nouvelles approches du « vivre ensemble » se solde surtout par une organisation de plus en plus obsessionnelle du contrôle. Dans l'assignation à vivre « autrement » se construit la légitimité des modèles coercitifs d'un « nouvel espoir » qu'offre l'économie d'énergie au quotidien. On peut dénoncer celui qui ne fait pas le tri des déchets correctement, celui qui laisse couler l'eau exagérément, mais pourquoi pas celui qui, depuis son avion, prend des photographies de la terre ? Sans se complaire à narrer les habitudes plutôt contradictoires d'une parcimonie rationnelle réalisée pour le bien de tous, il est peut-être préférable de songer que le pire pourrait se produire si rien n'est fait pour maîtriser les risques de désastre quand on est assuré que l'humanité et la planète Terre courent ensemble à leur perte. C'est un tel encadrement idéologique, de plus en plus universel, qui consacre l'atmosphère contemporaine de coercition et l'apothéose d'une rationalité de notre liberté.

2

Le règne de la survie

L'économie de la santé publique justifie un contrôle de plus en plus coercitif de la vie privée, le corps appartient de moins en moins à chaque individu qui se voit obligé de le considérer comme une marchandise dont le mode d'emploi fonctionne à ses dépens. Ainsi les conseils diététiques en épousent-ils d'emblée la figure de l'interdit, parce qu'ils représentent l'évidence des seules conditions objectives pour assurer un avenir commun. Et les mesures de santé publique portent cet avenir comme le triomphe d'une humanité capable de se protéger contre les risques de sa déchéance. Ce qui était discutable ne l'est plus : la déstructuration de notre société viendrait d'un excès de tolérance à l'égard des insoumis qui menacent notre survie collective. **Accepter les interdictions, la ségrégation par le contrôle, c'est en quelque sorte nous protéger de**

nous-mêmes, des penchants que nous avons à abuser de tout ce qui nous détruit. La propagation de l'interdiction de fumer dans l'espace public est un test fondamental pour voir jusqu'où une communauté peut se résigner à accepter les règles imposées pour sa survie. Tout traitement prophylactique d'une pollution prend valeur d'exemple. Sa mise en place est le moyen d'apprécier les prédispositions à la résignation collective. Dans une atmosphère sociale où chacun peut être stigmatisé comme un pollueur, les pouvoirs publics ont beau jeu d'exercer leur souveraineté en prenant des mesures qui garantissent le salut de la communauté.

L'équilibre d'une société tient à la capacité qu'auraient ses membres à reconnaître le non-sens de leur révolte et de leur indignation. Au nom de la majorité, la résignation aux nouvelles figures de l'assujettissement, rendues légitimes par les impératifs de la survie des institutions comme des individus, serait le seul comportement collectif possible pour l'avenir d'une démocratie libérale. Une telle résignation rend inaperçues les figures de coercition que le pouvoir des contraintes acceptées produit.

On se souvient de la polémique suscitée par la photographie d'un top modèle au corps anorexique. Avait-elle seulement pour but de montrer l'horreur qui se cache derrière les mises en scène de la mode ? Le corps décharné de la jeune femme est alors pris pour le symbole de la tyrannie d'une « esthétique de la maigreur ». Tant que le corps décharné est présenté lors d'un défilé de mode, il n'inquiète personne, sa maigreur excessive demeure pour ainsi dire banalisée. Il faut que le même corps soit isolé et montré comme l'effet désastreux des impératifs esthétiques sur le « modèle » pour que la commotion générale survienne. Quand l'image publique de l'horreur advient, l'horreur elle-même n'est plus que l'effet attendu d'une victimisation qui nourrit la compassion collective. Or, de manière symbolique, le corps de la jeune femme anorexique montre que celle-ci n'a pas le choix, qu'elle est obligée jusqu'à l'excès de pratiquer les restrictions nécessaires pour rester un top modèle. Ce qu'elle révèle, c'est que l'absence de choix, la soumission absolue aux standards quels qu'ils soient, conduit à une mort lente. *Nécessité fait loi*, dit le proverbe. **Mais si la nécessité prend la place de la loi en lui donnant son sens, il n'y a plus qu'à s'en remettre à l'évidence des contraintes.**

Quand un médecin prescrit des remèdes à son patient, le plus souvent, il accompagne son ordonnance écrite d'interdits qu'il énonce d'abord oralement. Sont proscrits en premier chef l'alcool et le tabac, qui risquent de neutraliser les effets thérapeutiques escomptés par l'usage des médicaments. L'incompatibilité entre les bienfaits supposés du vin et les ingrédients qui régulent notre organisme se présente comme une source de l'interdit. C'est lui, dans la mesure où nous reconnaissons qu'il est posé pour notre bien, qui peut nous sauver de nous-mêmes et de nos penchants provocateurs d'un certain déséquilibre. **Comme chacun semble rechercher presque naturellement une juste mesure, l'interdit bénéficie de l'évidence de sa nécessité pour la survie individuelle et collective puisqu'il est l'arme d'éviction de la démesure.** Sans lui, aucun équilibre ne serait possible. Ce matin, je ne boirai pas un verre de mirabelle comme je l'ai toujours fait, car c'est ma seule chance de ne point mourir prématurément. Je me rassure en m t moi qui pose l'interdit, mais est-ce vrai ? J'adopte plutôt une norme collective propre à l'ensemble des règles qui régissent l'augmentation éventuelle de la longévité. Et si je me dis : « Il faut bien mourir un jour », je donne la triste impression d'une démission existentielle. Est-ce la reconnaissance du risque de mourir qui dicte ma conduite ? Ou bien suis-je soumis à l'impératif qu'il est désormais interdit de mourir ?

Fumer moins, boire moins, manger moins gras... La nécessité d'une certaine parcimonie semble donner chaque jour un sens à la vie et les innombrables normes quotidiennes ont pour raison première le maintien d'un équilibre du corps

obtenu par la jouissance obligée des restrictions. Qu'elle soit psychique, organique, financière ou autre, l'économie légitime l'interdit en lui offrant la figure d'une exigence vitale. L'avantage politique de l'économie dans la vie quotidienne est d'occuper l'esprit des gens en leur faisant croire que seule compte l'intelligence de la consommation. Et cette mise en scène d'un étrange délire d'intelligibilité doit nous faire comprendre que toute norme nouvelle est le fruit d'une réflexion collective approfondie sur sa nécessité. **Tel serait le paradoxe le plus conventionnel de la société : il n'y a jamais de norme insensée.** Elles peuvent être mal

appliquées, faire défaut, les normes ne trahiraient l'arbitraire qui les constitue qu'au gré des jérémiades des récalcitrants ou des obsédés de la procédure juridique. L'interdit n'est plus seulement moral, il est devenu œcuménique. Son universalité semble aller de soi.

QUAND NOUS REGARDONS NOTRE PROPRE CORPS DANS LE MIROIR, NOUS ACCEPTONS DE VOIR CE QU'IL DEVIENT PARCE QUE NOUS AVONS LA CERTITUDE QU'IL NE PEUT PAS EN ÊTRE AUTREMENT, même si l'usage des cosmétiques ou les pratiques sportives nous offrent la possibilité d'imaginer que nous retardons ce qu'il est en train de devenir. Nous nous confrontons à ce que notre corps « doit être » plutôt qu'à ce qu'il est. C'est la scène répétée de l'invocation des interdits, car les restrictions et les prohibitions passent pour le meilleur moyen de survivre, l'équilibre du corps étant obtenu surtout par la privation. **L'harmonie, la cohérence du corps, ne seraient que le résultat de la soumission quotidienne à des normes qui sont destinées à conjurer la tentation de l'excès. Il en va d'une « normativité intégrée » qui occulte toute réflexion sur le sens et l'usage que nous octroyons à l'interdit.** Les habitudes prises pour soigner son corps, pour l'entretenir, n'ont plus besoin d'être réfléchies, l'interdit incorporé peut être oublié. À vrai dire, il a même disparu puisque les obligations consenties deviennent les signes de « ma » liberté de préserver la tenue de mon corps. Ses défaillances ne viennent plus seulement d'un déséquilibre organique, mais d'une « mauvaise conduite » qui dénature le bien-fondé des normes de la survie. Toutes les représentations que nous avons de notre corps sont finalisées par ce que nous estimons « être bon » pour lui. C'est pourquoi nous naturalisons les normes qui gouvernent ce que nous imaginons être l'harmonie idéale de notre corps. Ainsi traitonsnous notre propre corps comme un objet de conservation menacé par sa dégradation inéluctable. Ainsi le traitonsnous aussi avec méfiance puisqu'il est capable de trahir des penchants susceptibles de le mettre en péril. Nous refusons de considérer « ce que peut le corps » (Spinoza). À l'encontre des « vitalistes » de la fin du XIXe, nous ne croyons pas en la puissance de l'instinct de vie, nous préférons opter pour les modèles contemporains de la survie, en refusant de reconnaître la capacité d'autorégulation du corps.

Le corps devient un ennemi, ou peut-être même notre pire ennemi puisque, dans l'ivresse de ses excès, il ne cesse de nous circonvenir. Si l'on reprend l'idée nietzschéenne que *le corps ne se trompe pas*, les interdits qui lui sont infligés pour assurer sa survie ne sont que des palliatifs. Leur application nie l'exercice possible de sa cohérence par une « prolifération normative » qui nous assiège. Tel est l'exemple donné par les obsessionnels du régime. La lutte contre l'addiction à tout ce qui rend obèse n'est jamais qu'une parade. Le pouvoir de la norme dans le régime alimentaire ne prend pas la figure de la tyrannie parce qu'il vient de son acceptation implicite rendue préalablement nécessaire. Cette *naturalisation des normes* fait de leur éventuelle transgression un geste illicite.

Pourtant le plaisir de l'illicite reste une tentation, à tout moment dans la vie quotidienne, quand il prend pour objet des limites à contourner. On pourrait presque parler d'une « culture de l'illicite » que favorise particulièrement une société de consommation. Ces petits jeux quotidiens de la transgression, du contournement des limites, toujours stimulés par un esprit de revendication et de revanche, ne forgent-ils pas, même s'ils sont joyeux, la figure contemporaine d'un certain misérabilisme de la révolte ? L'impuissance se commue en parodie « revancharde » d'une transgression qui n'a aucun impact sur les fondements des règles communes. Quand nous croyons pouvoir faire appel à notre libre arbitre, notre dénonciation de l'arbitraire de la norme consiste à tenter de rendre incontournable sa légitimité. Si un conducteur affirme : « Avec ma grosse cylindrée, si je roule à cent trente kilomètres-heure, je risque de m'endormir, je deviens dangereux », celui-ci dénonce une limite qu'il conteste en disant que son taux de

vigilance s'élève avec l'accroissement de la vitesse de son véhicule. Peut-être est-il de bonne foi, mais son raisonnement est fallacieux même s'il n'a pas tort. C'est en faisant apparaître l'arbitraire de la norme que l'on croit pouvoir afficher « son » libre arbitre.

Le plaisir de l'illicite est-il condamné à l'expression de son irrationalité ? Il serait désormais interdit de « toucher » à l'arbitraire d'une norme au nom d'une quelconque liberté d'estimation de ce qui devrait être. C'est un moyen radical de protéger tout système normatif. Les « nouveaux interdits » s'intègrent d'autant plus aisément dans l'espace public qu'ils font déjà partie d'une ambiance normative. On peut avoir une certaine nostalgie de la poésie des règlements apposés sur les murs des bistrots d'antan. Au Brésil, dans les *gafieras* où l'on danse la samba, il y a toujours cette injonction qui fait rêver : il est interdit de draguer. La danse, c'est la danse ! Ce sont des règles du jeu. Désormais, les interdits s'accumulent. Alors se pose la question, dans l'espace public, de savoir si un interdit qui en cache un autre serait aussi susceptible d'annuler l'un des précédents ou l'un des suivants. **Notre liberté s'éprouvera-t-elle grâce à la confusion des interdits contradictoires ?**

LE PLUS EFFRAYANT, C'EST L'ANTICIPATION DE LA PRODUCTION DES INTERDITS. Il n'y en aura jamais assez ! On a désormais cette impression pour le moins déconcertante que les interdits créent de l'ambiance, comme dans une boîte de nuit. Sans doute est-ce le culte de l'interdiction qui se répand comme une traînée de poudre sulfureuse pour optimiser la gestion quotidienne de l'altérité. Il faut bien le dire : c'est toujours à l'autre que l'interdit s'adresse, à celui qui ne le respecte pas. Tel serait un moteur des relations sociales : « Ce que tu fais là, ce sera bientôt interdit ! » La marge de liberté qui nous reste serait donc destinée à se réduire au fil du temps, confirmant ainsi l'adage *je le fais tant qu'il en est encore temps*. Il suffit de croire que, si l'être humain est par essence un pollueur, la purification s'obtiendra par la multiplication des interdits pour vivre enfin dans une société complètement aseptisée. Bien avant ma naissance, dans un état tenu pour embryonnaire, j'ai sans doute été pollué par ma mère qui, à l'époque, fumait en toute impunité des cigarillos pendant sa grossesse. Autrefois, on se contentait de dire à l'autre : « Il est déconseillé. » **Comme l'être humain n'écoute pas les conseils, l'interdit fera son bien malgré lui.**

L'anticipation a-t-elle un effet conjuratoire ? Ce serait trop beau ! Sans avoir besoin d'être énoncé, l'interdit pourrait demeurer implicite, tel le signe possible, souhaitable, d'une prévention. « Prendre quelque précaution... » Mais non, le principe de précaution, machine de guerre contemporaine contre les effets nocifs de la pollution en tout genre, anticipe pour nous. Un dessin humoristique représentait un chauffeur qui, dans un embouteillage, penchait sa tête par la vitre de sa voiture, pour traiter de pollueur un passant qui marchait sur le trottoir en fumant son cigare. L'éternelle question

« Qui sont les pollueurs ? » est répétée comme une litanie de l'impuissance face aux causes les plus contradictoires de la pollution. **L'interdit n'est-il que le signe de l'échec d'une rationalité objective de la prévention ?**

On entend dire : « Faut pas faire ceci, faut pas faire cela, mais chacun a sa liberté ! » Est-on libre de faire ou de ne pas faire ? N'est-ce pas la douce illusion d'une liberté que nous imaginons avoir ? L'interdit, je peux imaginer aussi que je me le pose moi-même. C'est d'une manière commune l'une des origines du choix, c'est la décision de résister à la tentation du mal, point nécessairement au nom des règles morales, mais par respect, par amour pour l'autre. Il m'est difficile de croire que l'interdit n'est pas déjà là puisque j'évolue, comme tout le monde, dans un espace qui est lui-même *a priori* normatif. Je peux toujours voir « le monde comme jeu » (E. Fink), il n'empêche que ce jeu a des règles que je suis bien obligé de respecter. L'idée de ma liberté absolue, je la vis plutôt dans l'imaginaire au rythme de mes inventions d'un autre monde, d'une autre société, d'autres rapports humains. En étant déjà là, la normativité ambiante m'offre une représentation continue de la rationalité de ma conduite, elle m'incite à soutenir, à développer un rationalisme existentiel basique, celui qui fait figure d'équilibre pour la survie des êtres humains.

La tentation de l'illicite prend une tournure plus subtile quand elle est inhérente à la manière dont chacun tente de vivre sa propre folie. Mais c'est la capacité de refoulement des êtres humains qui demeure le préalable essentiel à l'intégration mentale des interdits.

Celle-ci est une prédisposition presque naturelle à faire de l'interdiction le principal rouage de la culpabilité. Freud distingue le refoulement, qui reste inconscient, du jugement de condamnation, lequel apparaît surtout dans le temps de la cure, lorsque le patient décide consciemment de tenir à l'écart certains objets de pulsion qu'il estime répréhensibles. Le jugement de condamnation serait une manière de reconnaître la nécessité des interdits alors que le refoulement n'est qu'un mécanisme de défense par lequel nous les subissons. S'agit-il seulement d'une « prise de conscience » qui vient légitimer le rôle de l'interdit ?

En somme, la cure analytique, en nous révélant les origines complexes de notre refoulement, rendrait possible l'avènement du jugement de condamnation comme un moyen conscient d'accepter l'interdit. Autant dire que les constructions scéniques du *petit pervers polymorphe* que nous sommes pendant notre enfance sont revues et corrigées afin que nous puissions en bonne intelligence avec nous-mêmes assumer, après la cure, le respect des interdits. L'équilibre psychique idéal dépendrait alors de la baisse du taux de culpabilité dans les manières de vivre avec les interdits.

L'obsessionnel vit dans l'amour et la jouissance de l'interdit posé à l'autre sans éprouver la moindre culpabilité. « Il se barricade » pourrait-on dire. La protection contre l'autre a toujours un aspect obsidional. L'obses-sionnel se protège en restant sur le qui-vive, prêt à épier tout ce qui peut faire l'objet d'une menace. Et, à de telles fins, il construira tout un dispositif de surveillance, de telle manière qu'il deviendra lui-même objet de son obsession sans le

savoir. Dans *Le Terrier*, une nouvelle de Kafka, la forme donnée à la bête qui est en même temps le narrateur reste difficile à saisir. Au fil de la lecture, l'animal prend l'allure d'un être humain, il élabore des tactiques afin de bâtir et développer le lieu où il s'imagine être protégé des menaces extérieures. Il accumule tout ce qu'il faut pour tenir un siège, il creuse, poursuivant inlassablement la construction de son trou dans lequel, en dehors du temps, il délire et devient fou. Tel est le paradoxe que met en scène Kafka : l'homme construit la prison dans laquelle il s'enferme. Névrose obsessionnelle et paranoïa se conjuguent dans ce tableau d'humour noir. Si les menaces s'engendrent elles-mêmes, rien ne sera en mesure de suggérer un état paisible, car l'ennemi, c'est l'autre. Selon l'allégorie de Kafka, l'homme serait donc victime de son propre piège, sa tranquillité ne s'éprouvant que dans la menace de la perdre. C'est l'autre qui est « interdit ».

3

Lectures de l'interdit

L'interdit est signifié le plus souvent par un cercle rouge coupé par une diagonale qui traverse l'objet et le geste prohibés. L'inflation des pictogrammes risque de créer des effets de pollution visuelle au même titre que la prolifération des affiches publicitaires. Leur configuration est visible de loin même si le dessin de ce qui est interdit n'est pas reconnaissable. L'interdiction est donc annoncée avant son objet. Quand il y a un ensemble de pictogrammes, nous restons plutôt perplexes, pour ne pas dire « interdits », même si un grand panneau annonce que nous sommes les bienvenus. **Avant de réussir à décrypter les gestes prohibés, une certaine atmosphère d'interdiction s'impose, le plus souvent pour la protection de l'environnement.** Il nous faut comprendre que le territoire dans lequel nous allons pénétrer demeure « précieux » et que la sauvegarde de son authenticité naturelle dépend de notre « bonne conduite ». D'ailleurs, le conservatoire du Littoral a « gelé » des paysages en bord de mer pour éviter toute dégradation. La promenade elle-même y est interdite. C'est le prix à payer pour sauver la virginité d'une nature contrôlée par les hommes. Nous pouvons rêver de la beauté de ce qui nous reste inaccessible et considérer qu'il est heureux que la pureté naturelle ne coure plus le risque d'être souillée par les hommes. Aux Philippines, un territoire où vivaient des « hommes primitifs » avait été ainsi interdit aux ethnologues du monde entier pour sauver l'origine de cette primitivité. Les Américains du Nord aiment préserver cette image de la virginité d'un territoire et de sa population que les effets de la modernisation contemporaine n'auraient pas atteinte.

L'universalité du pictogramme signifiant l'interdiction est indéniable. Le plus souvent compréhensible dans toutes les langues, son évidence sémantique lui garantit une souveraineté absolue. L'incertitude ne peut venir que du dessin lui-même, de la figuration du geste ou de l'objet prohibés. **Mais elle peut être grande, cette incertitude de la perception, lorsque nous ne savons plus ce que nous devons faire ou ne pas faire.** Ainsi, nous arrivons au bout d'une rue, face à un mur sur lequel un panneau nous indique qu'il est interdit de tourner à droite, et l'autre, de tourner à gauche. Ce n'est pas seulement un mauvais rêve, c'est un cas rare, il est vrai, mais plausible. Cette annulation de l'alternative par des interdits contradictoires provoque l'une des plus belles interrogations existentielles ! Que faire lorsqu'il n'y a plus d'alternative ?

L'interdiction peut être signifiée par une pancarte sur laquelle un texte énonce ce qu'il ne faut pas faire ou par un pictogramme qui est censé nous donner une représentation de ce qui est prohibé. Il n'existe pratiquement pas de panneau d'interdiction d'uriner qui figure l'impossibilité de l'accomplissement de ce besoin tenu pour « naturel ». J'en ai pourtant découvert un dans un livre : la trajectoire de la miction est représentée en pointillé, barrée par une ligne rouge. Qu'en est-il pour le crachat ? Si l'interdiction de cracher n'est presque plus visible sur les murs ou dans les transports publics, est-ce un signe d'intégration des « bonnes habitudes » ? Les « vieux » interdits sont-ils destinés à devenir un patrimoine immatériel de l'humanité ?

Curieusement, l'interdit posé en d'autres temps semble avoir été si bien intégré qu'il rend possible son oubli passager : je peux cracher dans un couloir du métro – ce qui, nous en conviendrons, est grossier –, je n'aurai pas d'amende, alors que si j'allume une cigarette, j'aurai toutes les chances d'en avoir une. En Chine, l'habitude de cracher par terre est si prégnante qu'on racontait que les touristes devaient être heureux le soir lorsqu'ils s'apercevaient qu'au-

cune trace salivaire n'avait souillé leurs chaussures. Lors des Jeux olympiques de 2008, l'État chinois a tenté de décréter une interdiction de cracher dans la rue, que les Pékinois ont relativement respectée jusqu'à la fin des festivités internationales. Cette tradition collective a-t-elle disparu pour autant ? La sphère publique se compose de territoires sur lesquels une confrontation permanente incite les usagers à la vigilance pour défendre leur « espace vital ». Au Japon, il suffit d'éternuer dans un wagon du métro pour que les gens s'écartent en manifestant leur indignation. C'est le port du masque qui vient signifier que l'haleine du voisin est dangereuse. **La peur de la contamination entraîne un besoin souverain de protection du corps.**

Avec le Sras, on l'a vu, le port du masque hygiénique, quoiqu'il fût un moyen efficace contre la circulation du virus, signifiait bien que tout individu devenait un danger potentiel. C'était la masse circulante des individus aux bouches masquées qui entretenait elle-même la représentation d'une hantise quotidienne de la contagion. La mise en place des dispositifs de contrôle sanitaire contre un grave danger ressemble à la répétition d'un exercice de simulation de catastrophe. La peur elle-même épouse la forme virale, elle peut se propager de la même manière que le virus. C'est un archétype de la société : les comportements adoptés pour conjurer la peur virale exprimeraient cette croyance primitive en une réactivation de l'instinct de conservation. Mais plus ces dispositifs de prévention deviennent visibles, plus ils augmentent la vitesse d'expansion de l'angoisse collective. La société – tel un corps social menacé de partout – se trouve contrainte de se voir en miroir de sa possible décomposition.

On comprend pourquoi le phénomène de contagion inspire la science-fiction : la vision de scénographies d'une vie quotidienne de plus en plus apeurée impose une projection futuriste d'un éventuel retour à l'état sauvage que seule peut arrêter l'exacerbation du contrôle. La gestion sanitaire d'une épidémie semble montrer idéalement comment les mesures appliquées sont des signes « géopolitiques » de comportements civiques. Il ne s'agit plus, pour une nation, de cacher l'ampleur du danger, mais d'entretenir le théâtre médiatique mondial de l'éradication de ses causes. **Et c'est le corps lui-même qui devient alors porteur des signes de l'interdit.**

Et les animaux échappent-ils à un tel acharnement sanitaire ? On sait combien la crotte de chien sur le trottoir fait l'objet d'une prohibition de plus en plus signifiée. On n'oubliera jamais les motocrottes qui, dans la ville de Paris, avaient bien du mal à effacer les traces de défécation canine. Désormais, les panneaux qui indiquent les endroits réservés aux chiens, les sacs pour ramasser de tels déchets naturels sont repérables et s'ajoutent aux panneaux réservés au genre humain. « J'aime mon quartier, je ramasse. » Mais cette multiplication des pictogrammes laisse-t-elle supposer que les individus n'obéissent qu'aux codes d'une pareille sémantique urbaine ? Avons-nous toujours besoin de ce « rappel à l'ordre » ?

BIEN DES CONDUITES QUE NOUS PRATIQUONS COMME DES CONVE-
NANCES CIVILES SE FONDENT SUR NOTRE ÉDUCAITON et les codes que
nous appliquons fonctionnent à partir d'interdits bourgeois
implicites : quand je mets la table, je ne dois pas placer la
fourchette à droite de l'assiette. Les codes de la « bonne
tenue » bourgeoise obligent à considérer « ce qui ne se fait

pas » comme une faute possible. Ce sont des obligations qui n'engagent pas la politesse, laquelle suppose un rapport à l'autre, une réponse à une situation. Dans un autobus, des gens même jeunes, même étrangers, me cèdent souvent leur place, en voyant mes cheveux blancs et mon apparente difficulté à marcher. **La politesse nous fait oublier l'atmosphère d'une prescription toujours désignée par des signaux.** Elle conserve un charme au-delà des convenances, comme si elle pouvait nous surprendre par l'attention que le geste poli nous accorde. Parce qu'il garde une note d'anachronisme, un geste de politesse devient un signe d'élégance lorsqu'il s'accomplit dans l'instant présent. **Être élégant, c'est faire oublier avec une certaine grâce que nos gestes sont gouvernés par des interdits.**

Le civisme pourrait se définir comme une manière de respecter les règles en commun, de partager une certaine bienséance dans la vie sociale. Désormais, je suis acculé à être « porteur de l'interdit » en dénonçant « haut et fort » celui ou celle qui ne respecte pas les règles. Finie l'élégance à l'égard des voisins ! Si je ne pratique pas la délation, je deviens complice d'un acte de transgression commis par l'autre. À cause de la défaillance des signes de politesse, le civisme au futur devra-t-il être l'exercice répétitif de gestes policiers ? Point n'est besoin d'uniforme, je me trouve dans l'obligation de « figurer » moi-même l'interdit au regard de l'autre quand il ne respecte pas les règles. Toute la gestion des espaces publics implique une incitation constante au partage de plus en plus ostensible des interdits à respecter.

Ainsi en est-il de la démarcation d'un espace privé. Un adolescent mettra sur la porte de sa chambre un panneau « Interdit d'entrer » pour bien signaler qu'il est chez lui et qu'il tient à garder secret ce qu'il fait là. La protection de la vie privée s'accomplit grâce à la croyance que nous avons en des signaux qui indiquent des limites à ne point franchir. « Chien méchant » ou « surveillance électronique » : l'espace tenu pour privé est un bastion. L'expression « viol de propriété », aussi excessive puisse-t-elle paraître, nous oblige à concevoir l'intrusion comme un acte outrecuidant. Erving Goffman parle des « territoires du Moi » dont le plus essentiel semble être « l'espace personnel », cette « portion d'espace qui entoure un individu et où toute pénétration est ressentie par lui comme un empiètement qui provoque une manifestation de déplaisir et parfois un retrait »[1].

Tout individu organise de manière implicite, non réfléchie, sa protection territoriale. Une sorte de bornage

---

1. GOFFMAN (Erving), *La mise en scène de la vie quotidienne. Tome II : Les Relations en public*, Paris, Éditions de Minuit, 1973, p. 44.

dont la représentation finalisée serait la protection de l'intimité. Cette inscription territoriale du Moi est rendue visible par des attitudes corporelles dans l'espace public où notre intimité reste menacée. Mais la protection de soi n'est pas dissociable des jeux de provocation, de séduction, qui appellent toujours la violation des limites. Les convenances propres à cette

« position de défense » ne deviennent actives que dans la mesure où elles sont défiées, faute de quoi la protection de soi deviendrait un enfermement – ce qui peut bien entendu arriver quand l'humour fait défaut. Si la privatisation de l'espace devient obsessionnelle, ce n'est plus la liberté d'être soi-même qui est protégée, c'est plutôt la haine de l'autre qui l'emporte.

L'espace privé n'est pas pour autant un territoire sans interdit. Loin de là ! Dans bien des habitations, le détecteur de fumée trône sur le plafond du salon et un signal sonore prévient les voisins si un fumeur a oublié que « chez soi » l'interdiction doit être la même que dans des lieux publics. Et dans la cuisine ou la salle de bains, les *écogestes* sont de rigueur : le développement durable limite l'usage des serviettes, des savons, de l'eau, de l'électricité... Autrefois, l'obligation d'éteindre la lumière quand on quittait une pièce se résumait en une phrase amusante : « Ici, on n'est pas à Versailles ! » La dépense somptuaire n'était réservée qu'aux riches. Tout *gaspillage* participe aujourd'hui du péril de l'humanité. Et le terme gaspillage n'est lui-même plus utilisé. Il est tenu pour normal que l'eau coule dans les fontaines illuminées toute la nuit tandis que chez lui, l'individu s'applique à économiser l'eau et l'électricité.

Ce-qui-est-bon-pour-la-planète ; ce-qui-est-bon-pour-la-santé... Tout ce qui est « bon pour » ne pose plus aucun

problème, il suffit d'accepter une fois pour toutes que les recommandations soient des ordres. Les régimes culinaires introduisent des contraintes quotidiennes qui se soldent par des interdits invoqués comme dans une litanie de *ce-qui-n'est-pas-bon-pour-la-santé*. Il faut pourtant être bien naïf pour croire que le coca-cola est moins nocif que le vin.

Les interdits alimentaires semblent créer l'ambiance d'une vie toujours plus saine. Ils constituent une charte qui régit les modes de comportement dans la vie privée autant que dans la vie publique. **Ce qui suppose une surprenante intégration mentale de l'universalité bienfaitrice de l'interdit.** La boucle est bouclée : les codes alimentaires, aussi confus puissent-ils paraître, sont là pour conjurer des risques de contagion virale, tels les signaux d'un cordon sanitaire qui engloberait le privé et le public.

Dans quelle mesure le besoin d'interdire n'est-il pas devenu le nouveau moteur du lien social ? Il fait sauter les limites entre sphère privée et sphère publique. C'est le plus souvent en cherchant à préserver la plus petite part commune de notre intimité que se déclenche notre besoin d'interdire. L'autre, c'est celui qui viole mon intimité. N'est-ce pas cette manie d'interdire qui stimule une nouvelle forme de lien social quand elle nous laisse constater les affres que produit notre perte d'intimité ?

L'exhibitionnisme contemporain, que permettent les instruments de communication, finit par faire oublier les plaisirs de la retenue et du secret. Le pictogramme d'interdiction d'utiliser son téléphone portable dans le train n'est-il qu'un rappel à la discrétion ? Ce sont les usagers qui prennent l'espace public comme des portions congrues de leur espace

privé. Et si quelqu'un s'approche de celui ou celle dont les écouteurs grésillent au point de lui faire grincer des dents, pour lui signaler seulement qu'il est au bord de la crise de nerfs, il risque fort d'entendre un chapelet d'injures puisqu'il fait irruption dans l'espace sonore « privé » du passionné ou de la passionnée de musique techno. La compulsion d'interdire s'éclate quand tout est à la fois « privé » et « public ».

4

La liberté par défaut

LE SENTIMENT DE LIBERTÉ S'EXPRIME-T-IL DANS UNE GUERRE DES INTERDITS ? La confrontation, dans l'espace public, de nos manières d'interdire, produisant du lien social, nous laisserait croire en l'exercice salutaire de la défense des libertés.

Mais comment le sentiment de liberté peut-il s'éprouver dans l'exhibition de soi ? Une star dira qu'elle se sent libre parce qu'elle réussit à faire tout ce qu'elle veut, parce qu'elle obtient les plus grands succès. Qu'en est-il d'une star qui ne fait rien d'autre qu'être star, comme cette jeune femme qui s'appelle Paris Hilton ? Toute sa vie, toutes ses activités sont consacrées à se montrer publiquement, pour elle-même et pour un public qu'elle s'acharne à séduire par sa seule présence, par ses manières de faire, par les mouvements de son corps. Certes, elle a le pouvoir d'être riche grâce à la fortune de son père, le milliardaire Hilton, mais elle n'est ni chanteuse ni actrice de

cinéma. Tout son talent s'exerce dans l'accomplissement quotidien de la vie d'une star entourée de paparazzis qui lui sont
nécessaires pour maintenir son image publique. Les innombrables obligations qu'une telle mise en scène de soi-même
suppose pourraient laisser croire que cette star ne connaît plus
aucune liberté, qu'elle est vidée d'elle-même au point de ne

plus s'appartenir un seul instant. Elle se voue au culte d'un exhibitionnisme qui ne doit jamais faillir. Certains journalistes diront qu'elle est devenue un pur objet, et qu'en ce sens, elle réalise la prophétie d'Andy Warhol qui estimait que l'accomplissement de la société du spectacle et de la consommation est la starisation. « Je veux être aussi célèbre qu'une boîte de soupe Campbell. » Ce qu'elle joue sur la scène publique, c'est le paradoxe d'un sentiment de liberté qui s'éprouve dans sa négation radicale. **Elle invente sa propre nécessité pour afficher sa liberté d'être.** On pourra toujours dire qu'elle n'a rien dans la tête, qu'elle est un pur produit de la société de consommation, elle se constitue « prisonnière dorée du système » pour exalter son sentiment de liberté.

Comment faire aujourd'hui l'apologie de l'émancipation[2] ? S'émanciper serait une tentative pour le moins naïve de croire que nous pouvons nous libérer du pouvoir des modèles sociaux de nos représentations. Seule notre folie reste susceptible de nous offrir une voie de séparation, une voie de traverse. **Vivre sa folie, c'est se jouer de l'interdit sans éprouver de culpabilité réelle.** Cette folie peut être destructrice pour les autres quand disparaît

---

2. Jacques Rancière.

toute représentation des limites, quand sa mise en scène devient démoniaque par son irréductible détermination à faire de l'autre son objet. Toute folie vécue au quotidien tend à construire ses propres figures de ce qui « fait loi », entraînant la nécessité d'un assujettissement de l'autre.

On sait que l'inceste est vécu comme une horreur. Mais si un père et sa fille s'aiment au point de ne pas respecter la prohibition de l'inceste, leur liaison, le plus souvent tenue au secret, provoquera une occultation de l'interdit comme si leur amour triomphait du pouvoir attribué aux règles éthiques et sociales. La folie et l'amour n'entraînent pas vraiment une transgression de l'interdit mais tiennent celui-ci à l'écart, comme *la mémoire d'une limite*. La passion aveugle les limites.

La loi fonctionne tel un « rappel à l'ordre » pour remettre sur le « droit chemin » celui ou celle qui s'est laissé porter par sa folie. L'invocation de ce retour en mémoire de la limite fait office d'un appel à la raison commune qui demeure fondée sur le respect des prohibitions instaurées pour le maintien de l'ordre symbolique de toute société. Telle la condition d'une reconnaissance de la rationalité objective, l'interdit serait fondateur de la nécessité d'un ordre commun défini par des limites à ne pas franchir.

MAIS LES LIMITES QUE LES PSYCHANALYSTES PRÊTENT À LA FOLIE SONT CELLES DE LA SOUFFRANCE. Dans la mise en scène

du syndrome de la Tourette, réalisée par Peter Brook, les dialogues entre le patient et le psychiatre se ponctuent par un silence qui clôt l'échange entre la logique rationnelle de l'un et celle de l'autre. La cohérence de celui qui est malade n'est jamais défaillante, elle demeure seulement décalée par rapport à celle du psychiatre, mais elle n'aboutit à rien, si ce n'est au moment où le décalage produit sa souffrance. La limite émerge non point entre la cohérence du discours psychiatrique et l'incohérence de la folie, mais avec la reconnaissance obligée d'un non-lieu social pour la rationalité de la folie elle-même. Et pourtant, c'est bien là le paradoxe dans lequel on vit : nul n'ignore que l'organisation d'une société est la mise en récit médiatisée d'une folie collective. Du coup, la représentation que nous pouvons avoir des limites semble émerger dans un décor où toutes les formes de la folie s'opposent les unes aux autres.

L'ordre symbolique de la société est fondé sur des prohibitions qui délimitent l'activité pulsionnelle de l'individu et qui empêchent celui-ci de « passer à l'acte ». Caché derrière un buisson d'un parc public, l'exhibitionniste tentera de satisfaire ses fantasmes en dévoilant son sexe nu tandis que le voyeur trouvera une cachette pour contenter sa pulsion scopique. L'impossibilité de respecter un interdit est-elle seulement le signe d'une pathologie ? Celui qui fait ce qu'il ne faut pas faire, et qui ne semble pas pouvoir contrôler ses pulsions, est traité de malade mental. Même si son « passage à l'acte » interpelle les autres, sa condamnation demeure sans appel. **L'ordre symbolique ne supporte pas la moindre défaillance qui entraînerait le risque de sa destruction.**

Quand les médias révèlent, tel un fait divers, un acte sordide accompli par un individu dont personne n'aurait pu imaginer qu'il puisse agir de la sorte, la surprise ne tient pas au changement inattendu d'un comportement, elle vient surtout d'un refus de concevoir une telle inversion. Cet individu n'aurait délivré aucun signe qui puisse augurer ce qu'un jour il s'avère capable de faire. L'autre, celui qui nous ressemble, celui que chaque jour nous côtoyons en faisant nos achats, cet autre que nous saluons, que nous respectons, nous apprenons brusquement par la lecture d'un journal, qu'il a commis un crime monstrueux, qu'il a participé à un viol collectif, qu'il a mangé sa grand-mère... Rien ne nous était apparu jusqu'à ce jour, rien qui puisse nous laisser soupçonner une telle horreur. Et pourtant, nous ne sommes pas si surpris. Réflexion faite, nous nous apercevons qu'il livrait déjà les signes de son ignominie.

Notre suspicion s'éveille à rebours comme si nous avions été trompés tout en reconnaissant que certains indices auxquels nous n'avions pas prêté assez d'attention nous avaient pourtant été donnés par son comportement trop discret pour être honnête. Seulement ces indices ne viennent-ils pas de notre propre inconscient comme si l'autre de nous-mêmes pouvait être justement l'auteur d'un tel forfait ?

TOUT COMPORTEMENT HUMAIN EST-IL SUSCEPTIBLE D'UN TELLE RÉVERSION ? Si du haut d'un rempart, un homme photographie une fillette nue sur la plage, est-il en train de commettre un véritable délit ? On pensera qu'il est pédophile, qu'il se constitue une collection privée, qu'il utilisera ce genre de photographies sur un site Internet, lequel sera accessible à tous les pédophiles… On ne peut ignorer aussi que la hantise actuelle de la pédophilie rend équivoques bien des gestes et des attitudes à l'égard des enfants. **Même la tendresse devient une menace parce qu'elle exprime une ambivalence affective.** Au regard des autres, tout individu peut paraître cacher une perversion sexuelle puisque le double de lui-même est révélé par ses relations complexes avec les tabous. Ce qui est tenu pour tabou provoque, comme chacun l'éprouve, une attraction singulière qui nous laisse imaginer que nos désirs se mesurent sans cesse à ce qui est prohibé.

Quand Freud désigne les enfants comme des pervers polymorphes, il fait entendre que notre vie sexuelle s'origine dans une polyvalence de prédispositions pulsionnelles qui seront constitutives de nos obsessions névrotiques. En ce sens, nous choisissons de manière inconsciente les interdits qui nous angoissent mais que nous croyons avoir le plaisir de pouvoir transgresser. La scénographie de la transgression, souvent répétitive et identique, se présente comme un « viol de l'interdit ». **Le moralisme fonctionne alors comme un rappel de la règle qui peut empêcher le « passage à l'acte » ou le condamner quand celui-ci a été accompli.** Seulement, ce ne sont plus les valeurs éthiques qui prévalent, bien qu'elles soient invoquées, c'est le mécanisme du rigorisme puritain qui fait de l'interdit un épouvantail.

La tension pulsionnelle produite par le « viol de l'interdit » devient une menace irréductible pour l'ordre moral de la société et s'impose comme figure de la monstruosité humaine.

Le « viol de l'interdit », qui pourrait passer pour un acte privé, qui ne concernerait que soi, est d'emblée projeté dans la « sphère publique » parce qu'il est le plus souvent révélateur des rapports de domination entre les sexes. Sa scénographie suppose souvent une « mise en négation » de l'autre, même s'il est consentant, même s'il en tire une jouissance. Mais elle peut entraîner, et bien des auteurs de la littérature nous le montrent, les plaisirs d'une connivence puisqu'elle interpelle les fondements mêmes de la domination. Elle fait apparaître, non pas le dysfonctionnement d'une société, mais bel et bien les tenants du maintien de son ordre symbolique. Les scènes du marquis de Sade ne sont-elles pas une parodie cruelle des rapports de domination ? Quand le désir de transgresser l'interdit devient dans la vie sexuelle un mécanisme obsessionnel, les psychanalystes parlent de retour à la « scène primitive » parentale. Ne serait-ce pas aussi une réapparition de « la scène primitive » de la société elle-même ? Une mise en abyme de ce que toute société a dû occulter pour afficher sa propre cohérence symbolique contre la sauvagerie pulsionnelle.

Les discours éthiques et idéologiques que provoque le « viol de l'interdit », quand tout le monde donne son opinion, exprime son indignation, forgent la scène publique du désastre que pourrait produire l'effondrement des règles morales. **Ce sont les « dessous » de la société qui sont brusquement**

révélés. Et la démocratie, si souvent malmenée, impose universellement son fondement essentiel : la même règle pour tous. Aucun pouvoir ne protège celui qui commet une faute majeure, aucun citoyen ne peut rester impuni.

Un chef politique dispose du droit d'envoyer au « casse-pipe » des milliers d'hommes, il n'a pas celui d'être au-dessus des lois quand il viole l'interdit. Sa souveraineté n'est pas absolue au point de l'absoudre. Mais il devient un héros malgré lui en incarnant à lui seul le tabou. La théorie du bouc émissaire ne suffit pas à expliquer comment une société fonde sa cohésion. Quand celui qui passe à l'acte est un personnage public, il n'est pas victime, il assume la responsabilité entière du « viol de l'interdit ». Sa capacité de maîtriser n'importe quelle situation implique une maîtrise de soi exemplaire puisque sa fonction publique est justement de contrôler l'imprévu. Des chefs d'entreprise démontraient de telles aptitudes au commandement en courant des risques majeurs comme celui de se jeter avec un élastique du haut d'un pont. Il y a un certain temps, le président brésilien Collor s'était lancé en parachute pour prouver qu'il était capable d'assumer le pouvoir suprême. Il est plus difficile d'imaginer que ce qu'on prend pour un signe de pathologie sexuelle puisse faire figure de défi.

LA DÉTERMINATION DU DÉLIT, FINALITÉ PREMIÈRE DU THÉÂTRE JURIDIQUE, IMPLIQUE UNE PROCÉDURE COMPLEXE qui permet, par son savoir, d'outrepasser les fluctuations des sentiments moraux. Seulement la morale n'a que faire de l'esprit procédurier, elle n'utilise pas la culpabilité comme le moteur du jugement, elle considère le « viol de l'interdit » comme le mépris des valeurs qui la fondent. La médiatisation outrancière du « viol de l'interdit » s'accomplit telle une gigantesque scénographie cathartique grâce à laquelle la société, profitant de l'opportunité d'un magistral « passage à l'acte », s'offre l'illusion collective de sa purification.

Chacun soigne son propre sentiment de liberté comme une source traditionnelle de la jouissance. Chacun préserve ainsi la part imaginaire de son indépendance à l'égard des déterminismes sociaux. Et malgré l'application inconsciente des modèles coercitifs de la société, l'enjeu est de toujours se représenter qu'on est libre. Pourtant, c'est la violation de ce qui est prohibé qui « bat la mesure », comme si le consentement à obéir aux règles et aux codes, telle l'eau qui dort, ne cachait que le désir irréductible de transgresser l'interdit. Le « passage à l'acte » ne peut alors être pris que pour un signe pathologique parce qu'il dénature les représentations conventionnelles du sentiment de liberté. Il nous faut attribuer au « passage à l'acte » une surdétermination inconsciente pour nier radicalement la figure de libération qu'il représente. En somme, il nous faut constater qu'il échoue, puis le déprécier, pour reconnaître que l'énergie investie dans son effectuation est digne d'un meilleur usage.

5

Virus de la censure

Bien des gens s'insurgent contre un excès de permissivité qui mettrait l'ordre de la société en péril. Le mariage entre homosexuels n'a pas été voté par la Chambre des députés. Un parlementaire aurait même dit : « Et pourquoi pas le mariage avec des animaux ? », sans être d'ailleurs poursuivi pour avoir tenu des « propos dégradants », alors que la loi du 30 décembre 2004 punit les auteurs de propos provoquant « la haine ou la violence » ou « l'injure commise dans les mêmes conditions à l'égard d'une personne ou d'un groupe de personnes à raison de leur sexe, de leur orientation sexuelle ou de leur handicap ».

On constate que le clivage est de plus en plus grand entre ceux qui veulent maintenir les valeurs traditionnelles et ceux qui s'évertuent à faire bouger la société. Ce qui fait figure d'évolution pour les uns est un signe inacceptable de régression pour les autres. Les plus timorés diront que « c'est prématuré ». La permissivité se fonde-t-elle sur une levée des tabous ? Le progrès d'une société se mesure-t-il à la disparition progressive de certains interdits fondamentaux ?

Ce qui devient permis, et qui ne l'était pas auparavant, se présente comme une victoire de l'égalité des droits ou, pour ceux qui sont désignés comme des réactionnaires, comme une erreur manifeste qui conduit la société à sa perte. **La permissivité n'est pas la tolérance. Elle s'accomplit sous la pression d'interdits ou de tabous à dépasser. Elle reste l'objet d'un combat.** C'est le sens que prend la révolte contre ce qui est censuré. L'idéalisation de l'affranchissement ouvre les portes de la liberté à ce qui est frappé d'interdiction. Mais la levée de certains interdits en crée de nouveaux comme s'il était nécessaire de colmater les brèches que celle-ci provoque.

QUELLES MODALITÉS PREND AUJOURD'HUI LA CENSURE ? On peut s'illusionner en pensant qu'elle aurait disparu dans une démocratie qui reconnaîtrait toutes les libertés. Une telle bévue saute aux yeux quand on constate comment la censure est inhérente aux codes qui régissent une société. Elle reste le mécanisme essentiel au maintien de l'ordre, mais surtout, elle est intégrée au psychisme humain, tel un chien de garde imaginaire qui est en mesure de réprimer tout excès de liberté.

QU'EN EST-IL DE L'INCROYABLE POUVOIR DE L'AUTOCENSURE ? **L'absence apparente de censure n'est pas le signe d'une plus grande liberté, surtout dans les médias,**

elle n'est que l'effet en trompe-l'œil d'une autocensure très active. Les journalistes obéissent aux règles d'une censure qu'ils sont en mesure de prévoir afin d'en éviter les effets coercitifs. Ils savent « ce qu'il ne faut pas dire » et c'est en le sachant qu'ils peuvent continuer à croire en leur liberté d'expression. Comme la censure est mal perçue par l'opinion publique, il est préférable qu'elle ne s'exerce pas de manière ostensible. Les pouvoirs politiques, avec ceux de la finance, contrôlent le langage « bien-pensant » sans avoir besoin d'intervenir, l'autocensure se pratiquant par l'intermédiaire des dispositifs hiérarchiques qui permettent de limiter les audaces de certains journalistes.

Toutes les informations qui circulent semblent d'autant plus convenues qu'Internet est devenu le lieu de transmission des informations qualifiées de « rumeurs » qui ne seraient pas toujours fiables. La croyance en une nouvelle forme de la liberté d'expression est alors octroyée au Net comme si la presse gardait pieds et poings liés tout en sauvegardant le sourire des convenances. L'idée qui prédomine serait qu'avec le Net, on pourra de plus en plus faire reculer les limites de la censure ou les transgresser tandis que la presse et les médias audiovisuels seront de plus en plus « muselés ».

Dans un état totalitaire, la censure demeure ostensible et la parole ou l'écriture subissent un contrôle permanent qu'il n'est pas aisé de contourner. Au Brésil, pendant la période de la dictature, le célèbre chanteur Chico Buarque a évité la prison grâce aux prouesses de langage qui caractérisent ses chansons. *Malgré toi, aujourd'hui c'est toi qui commandes… Malgré toi, demain sera un autre jour.* Ces paroles ont été prises pour celles d'une chanson d'amour alors que le pronom *toi* désigne la dictature elle-même. L'inversion du sens est si bien cachée qu'elle n'est plus lisible ou audible, et qu'elle ne dévoile aucune intention subversive. Mais les jeux de langage connaissent bien des limites face aux pratiques des censeurs qui sont toujours en mesure d'imposer par la torture le sens qui satisfait les raisons de leur accusation.

À l'époque du « bloc de l'Est », le contrôle idéologique de l'usage du langage était difficile à contourner et en Europe centrale, il fallait inventer des manières de parler qui supposaient une habileté à recourir au double langage en masquant toute expression critique trop virulente. La pratique stylistique la plus connue est celle de faire un éloge pour mieux vilipender un mode de discours ou une personne. **L'humour reste une arme essentielle de détournement du discours idéologique.**

Il n'existe pas encore de pictogramme pour les « interdits de la langue », seule la « bonne » éducation nous oblige à ne point utiliser certains mots trop grossiers. Mais en Turquie, la Telecommunication Communication Presidency a décidé récemment d'interdire cent trente-huit mots sur Internet, parmi lesquels *belle-sœur, animal, nu, fille* et des mots anglais comme *pic* qui en turc signifie « bâtard » ou encore *got* qui veut dire « fesses ». Cette règle contraint certains

sites à fermer en instaurant une censure sur une base illégale puisque les informations sur la constitution de la liste n'ont même pas été données. **Si, dans toute langue, les règles de grammaire demeurent incontestées, il n'en est pas de même pour les mots dont l'usage sans restriction est la garantie de notre liberté d'esprit.** Les pictogrammes de la censure apparaîtront peut-être un jour, et on imagine les mots interdits dans un cercle rouge, avec une barre fatale qui les coupe en deux morceaux.

Nous aimons croire que la censure n'existe pas dans une société dite libérale. **Le contrôle de nos libertés ne semble pas limiter nos désirs, nos intentions, nos manières d'être ou de parler.** Ce qui nous donne l'illusion d'une marginalité ironique toujours possible, ce qui assure notre conviction de l'usage du langage au « second degré », ce qui renforce aussi notre illusion de pouvoir « être à l'écart » des conventions d'un sens trop « politiquement correct ». La figure violente de l'interdit – le « *strinck verboten* » de l'époque nazie – fait partie des mémoires souterraines et vieillissantes, et si nous estimons parfois vivre une autre forme contemporaine du totalitarisme, celle-ci est si retorse qu'elle est en mesure de nous faire croire en la liberté toujours possible de nos aspirations. En France, la loi de 1955 sur l'état d'urgence, votée au temps de la guerre d'Algérie, n'a pas été abrogée. Elle autorise le ministère de l'Intérieur à prendre « toute mesure pour assurer le contrôle de la presse et de la radio ». Les dessins et les phrases des caricaturistes font parfois l'objet d'une censure. Le caricaturiste Placid a été condamné en 2007 à payer une amende pour avoir écrit cette phrase sur le contrôle d'identité : « Les contrôles au faciès, bien que prohibés par la loi, sont non seulement monnaie courante, mais se multiplient. » Mais « une personne censurée » ne semble plus désormais subir de peines plus lourdes.

La censure aurait-elle pris d'autres formes plus sournoises ? Dans la vie quotidienne, l'organisation du marché culturel nous laisse aisément croire que tout est possible et que nos choix peuvent épouser le rythme d'une alternative sans fin. Il y a pourtant là un paradoxe : quand tout semble être immédiatement possible, sans que nous puissions ressentir un quelconque « devenir du possible », c'est notre liberté de choix qui prend une allure contraignante.

Si le possible est « déjà donné », il n'exerce plus aucune puissance de révélation. Un artiste paraît pouvoir faire tout ce qu'il veut mais sa liberté de création demeure soumise à des modèles de ce qui a été fait avant lui et que parfois il ne connaît même pas. C'est la répétition de ces modèles qui, au fil du temps, instaure un espace de normativité implicite pour la création artistique. Le « déjà-vu », le « déjà-fait », imposent des limites à la croyance en un « tout est possible ». N'étant plus le fruit d'une conquête ni l'effet d'un accident du réel, d'une incongruité, le possible apparaît comme l'évidence de l'acquis. Rien ne semble pouvoir faire obstacle à la création artistique. Les effets de masse de la production artistique et leur visibilité perpétuelle dans l'espace public représentent l'illusion d'une incroyable liberté d'expression. Quand « tout est possible », l'absence de reconnaissance publique n'empêche en rien chaque artiste méconnu – ou qui ne cherche pas à être connu – de construire sa propre singularité et d'entretenir celle-ci avec une certaine complai-

sance. **La liberté de création se fonde sur l'illusion de sa représentation qui n'est jamais censurée.**

COMME TOUT LE MONDE DOIT AVOIR LA LIBERTÉ DE S'EXPRIMER, TOUT EXCÈS DE VIOLENCE CRITIQUE EST IMPLICITEMENT INTERDIT. Se mettre en colère contre des idées communément partagées devient vite l'expression d'une grossièreté. C'est un outrage au consensualisme démocratique. Frapper l'adversaire dans un débat public est pris pour un signe de faiblesse, celui de la perte du sang-froid en vertu du principe que le coup de poing n'est pas un argument. Pourtant, les bagarres entre « grands intellectuels », qui ne manquaient pas d'arguments philosophiques, se produisaient en d'autres temps. Malgré les cris ostentatoires des gens révoltés pour telle ou telle raison, tout semble « feutré ». Les manifestations publiques elles-mêmes ne deviennent-elles pas des *phénomènes d'écholalie* archaïques ? Cette politesse obligée est légitimée non par ce qu'on appelle la « pensée unique », mais par ce fait que l'accord ou le désaccord passent par les fourches caudines du principe formel et vide de la démocratie. La bouffonnerie d'une courtoisie plutôt mièvre se nourrit de la mollesse contemporaine de l'adage *il est interdit d'interdire* – lequel se traduit par la croyance en une liberté irréductible de s'exprimer.

Être récalcitrant, qu'on le veuille ou non, c'est être tenu pour méprisant ou caractériel. Telle est la règle de bienséance grâce à laquelle le partage consensuel des manifestations de la liberté de chacun assure sa légitimité sociale. Toute opposition à ce qu'il est convenu de croire passe pour l'expression d'un mépris reprochable à l'égard des autres. **La censure vient du diktat qu'imposent les idées les plus convenues.** Celui ou celle qui s'enflamme dans un débat public est outrecuidant, son caractère intempestif n'est pas digne de son courroux. Les « Indignés » en Espagne se contentent d'exposer l'objet de leur indignation, et leur colère modérée ne ressemble en rien au déchaînement des « Enragés » de 68. Le simulacre de politesse de la démocratie contemporaine anéantit l'agressivité en la rendant malsaine. La censure s'exerce d'elle-même, elle n'a plus besoin d'être décidée, elle s'accomplit au nom de la démocratie. **Tout le monde a le droit à la parole afin que tout le monde finisse par dire la même chose.**

Ce qui « n'est pas à dire » publiquement n'est qu'une négation déplacée et méprisante du consensus qui s'impose comme une censure implicite. Car tel est le paradoxe : comment un accord de pensée, partagé par la majorité, peut-il s'inverser en pouvoir de la censure ? Étrange censure, il est vrai, puisqu'elle se présente aussi comme l'expression même d'une liberté collective partagée par tous. Toute finalité du langage serait désormais la reproduction d'un accord conventionnel capable d'absorber ce qui s'oppose, ce qui résiste. On peut comprendre pourquoi l'hystérie procédurale a de l'avenir. **L'inflation des procédures juridiques augmente curieusement la manie d'interdire.** On connaît la célèbre histoire de cette femme américaine qui a obtenu un sérieux dédommagement parce qu'étant enceinte, elle avait bu beaucoup de whisky, ce qui avait porté préjudice à sa grossesse. Sur l'étiquette, il n'était pas inscrit : « Le whisky est interdit aux femmes enceintes ». L'interdit qui n'est pas signifié ostensiblement rend possible une procédure juridique. Le langage aura-t-il pour fonction essentielle d'exprimer l'interdiction ? Et les récalcitrants seront-ils condamnés à n'être plus que des procéduriers ?

Les images peuvent aussi être frappées d'interdiction. L'exposition « Les Parisiens sous l'occupation », à la bibliothèque historique de la Ville de Paris, a été interdite peu de temps après son ouverture. Il n'avait pas été précisé que le photographe André Zucca travaillait pour l'édition française de *Signal*, le magazine de l'armée allemande. Les images étaient en couleur, André Zucca ayant reçu des Allemands des pellicules Agfacolor. L'impression dominante que donne l'exposition est celle d'une certaine sérénité puisqu'on

ne voit pratiquement pas de soldats allemands dans les quartiers de Paris où les photographies ont été prises. Selon Éric Hazan[3], « là est le vrai scandale de cette exposition :

------

3. HAZAN (Éric), *Paris sous tension*, Paris, La Fabrique, 2011, pp. 93-94.

elle montre la différence entre deux parties de la ville, celle de la collaboration et l'autre ».

La censure n'est intervenue qu'après l'indignation manifestée par certains journaux. Quel sens pouvait-elle avoir ? Sans doute aurait-il fallu lever l'ambiguïté préalablement en précisant avec exactitude le contexte dans lequel de telles photographies avaient été prises. Le fait de révéler un « Paris joyeux » sous l'Occupation est une atteinte à la dignité des résistants. Est-il possible qu'on se fasse piéger en voyant les images représentant des femmes élégantes aux côtés de jeunes gens en uniforme vert-de-gris à La Madeleine ? Nul doute pourtant que ce « Paris-là » a eu son existence protégée par l'esprit de la Collaboration. Faut-il montrer l'ignominie en la signifiant ? **Quel que soit l'usage de la censure, ce qui est frappé d'interdit, c'est l'émergence d'une quelconque ambivalence.** Même si l'on croit qu'elle est appliquée à juste titre contre ce qui bafoue la mémoire de celles ou ceux qui se sont sacrifiés, elle introduit la ligne de démarcation de ce qui produit *le bien-pensant*.

Pour toute photographie prise dans la rue ou sur une plage, dans la mesure où on envisage de la diffuser, on doit demander l'autorisation aux personnes, au nom du respect de la vie privée. Pourtant, le « droit à l'image » est revendiqué au nom d'une vérité à ne pas cacher. Il appelle une libre circulation des images.

Il est vrai que nous vivons à l'époque de l'« hystérie imagière » et que dans ce cadre-là, l'image photographique d'une quelconque personne, quand elle est prise dans l'espace public, peut être considérée comme une atteinte à la vie privée et, à ce titre, provoquer un recours en justice. Les images des lieux, des monuments n'incluent pas celles des gens « qui se trouvent là ». Pourtant, dans une société où la masse d'images est incommensurable, où la circulation des images devient de plus en plus incontrôlable, et où surtout le droit à l'image s'impose comme une revendication universelle, il est difficile d'imaginer qu'on puisse se référer à un cadrage juridique très déterminé de l'usage des images. Qu'il soit une violation d'un « habeas corpus » ou un abus d'appropriation, l'acte de photographier lui-même peut être pris, à l'instant où la réalité est saisie « en temps réel », pour un « flagrant délit ». Les téléphones portables permettent de prendre d'innombrables photographies ou des séquences vidéo dans n'importe quelle situation et de manière impromptue. Cette saisie du réel se fait en toute impunité, comme s'il était naturel de photographier, au gré de nos impulsions, ce qui advient, pas même à notre regard, puisque ce genre d'acte répétitif s'accomplit, pour ainsi dire, avant de voir. Cette captation visuelle précède l'intention de regarder et l'annule dans une compulsion de la visualisation immédiate.

L'image photographique, qu'elle soit prise dans l'intention de fournir une preuve, ou qu'elle soit prise sans intention précise, est un moyen redoutable de délation. Son usage le plus commun ressemble bien à la pratique de la « vidéo de surveillance ». Ceux ou celles qui n'obéissent pas aux règles de la survie peuvent être photographiés en « flagrant délit ». Et si c'est l'appareil judiciaire qui sert de médiateur dans la non-application des interdits, on comprendra pourquoi la censure perd son apparence policière grâce aux cas de jurisprudence que provoque l'usage de l'image comme preuve.

La violence de la censure généralisée n'est plus frontale, comme dans un système totalitaire ; elle est virale. Elle se propage sans donner l'impression d'imposer la moindre figure de la domination. Elle se fonde sur un consentement sans retenue aux règles de la survie, tel le virus (ou l'antivirus) salvateur qui sauve la communauté de sa destruction.

6

Tout interdire ?

LE TRIOMPHE DU CONSENSUALISME, FIGURE RETORSE DE LA CENSURE, NOUS MET EN ÉTAT D'ACCEPTATION ANTICIPÉE DE TOUTES LES MODALITÉS DE CONTRÔLE, comme si l'inflation des décisions normatives était devenue un signe de « bonne santé » pour l'avenir. **La manie d'interdire est stimulée par le consensus lui-même.** Contenant la part commune de notre agressivité, elle exprime encore l'illusion d'une violence possible contre la résignation, alors qu'elle est l'arme de notre soumission au consensus. **L'adage *il est interdit d'interdire* ne s'applique plus à l'interdiction elle-même, il devient l'arrière-scène du consensualisme en prenant la place de notre croyance en la liberté.** Ainsi se maintient la représentation d'être libre quand on est assailli par les interdits qu'impose le « bien-pensant ».

Certains se souviennent de cette scène légendaire : dans la foule, un homme s'écrie « Mort aux cons ! » et de Gaulle de lui répondre : « Vaste programme ! » Une telle déclaration lancée à la cantonade ne lui était peut-être pas destinée, mais l'élégance humoristique avec laquelle le Général réplique sans la moindre hésitation provoque de l'admiration, bien au-delà des jugements politiques de tout bord. Aucune expression de mépris, un simple retournement magistral et ironique d'une exclamation qui aurait pu paraître blessante.

Aujourd'hui, cette finesse de l'esprit n'est plus de mise. « Casse-toi, pauvre con », interjection devenue célèbre elle aussi, trahit comment le mépris ignore l'humour. L'atmosphère des échanges consensuels nous incite à retrouver la voie « primitive » d'un retour à la brutalité obscène quand nous sommes en colère. Le consensus « mou », partout présent, dans la mesure où « il faut toujours trouver un accord », est d'une violence bien plus souveraine que le moindre désir de négation exprimé en public. Ce principe autoritaire de la compréhension mutuelle nous oblige à repousser toute envie d'opposition qui pourtant nous taraude. Le pire est que l'humour – qui introduit au moins l'apparence d'un jeu de limites – est lui-même frappé d'interdit quand il risque de devenir un détournement incontrôlable du sens. La mollesse de l'indignation est pathétique, le « coup de gueule » reste sans écho, parce que le sens est réversible, comme si le

« pour » et le « contre » étaient les deux extrémités d'une girouette qui tourne dans tous les sens. Est-ce l'ironie de ce qui advient dans le réel, cette ironie « de la situation », qui nous sauvera du consensus de la *bien-pensance* ?

« La seule, la bonne question désormais, est de savoir *s'il est encore possible de ne pas tout interdire absolument*. »[4] Ce serait le règne éternel du « bien-pensant ». Toute liberté individuelle est tenue pour nocive par la collectivité qui survit dans le besoin obsessionnel de la multiplication des lois. La jouissance collective de tous les interdits tient à l'image d'une assomption de la protection. Mais si tous les interdits sont posés, s'il n'y a plus d'interdit à conquérir, il nous reste les jouissances de la délation. Il faudra passer son temps à dénoncer celui ou celle dont le comportement trop individuel figure le signe archaïque d'une transgression. Le bonheur collectif se soutient du besoin de se représenter l'interdit comme seul moyen efficace de conjurer la polyvalence des menaces qui pèsent sur notre vie quotidienne.

Que tout soit interdit devient aussi le meilleur moyen de préserver la bienséance d'une liberté à l'échelle des communautés. Une sorte de *liberté moyenne*. Elle ne serait

---

4. MURAY (Philippe), *L'Empire du bien*, Paris, Les Belles Lettres, 2010, p. 72.

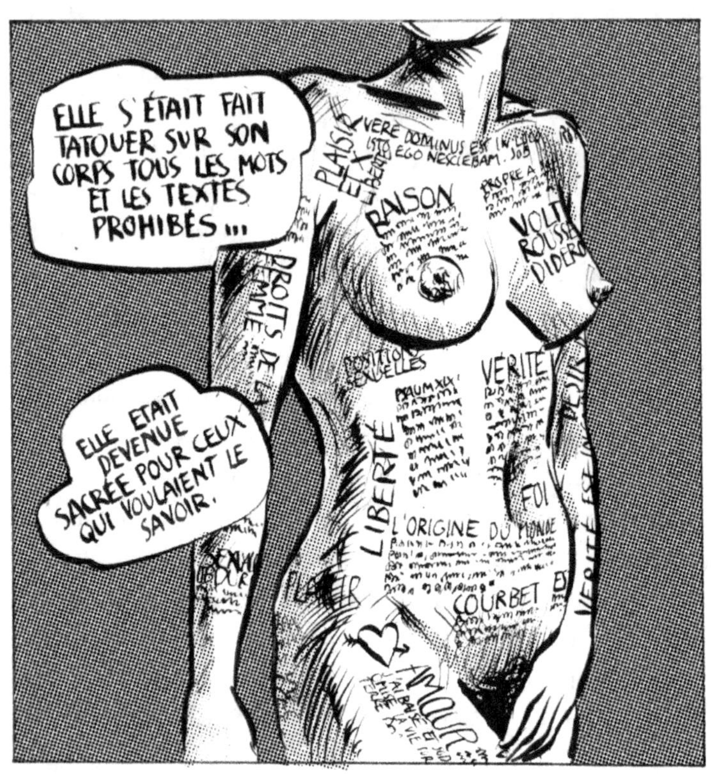

pas gênante pour les autres puisqu'elle serait la même pour tous. Une liberté contre laquelle on n'a rien à dire ou à redire. **Une liberté qui n'a pas besoin de s'afficher publiquement puisque son sens s'épanouirait dans la constellation des interdits.**

92

LA CONDITION DE CETTE *LIBERTÉ MOYENNE* EST LA *PROHIBITION-NITE*. Prohiber pour produire du lien social, pour imposer la reconnaissance du lien social par un unique mode de comportement qui convient à tous. Suivre à la lettre les règles qui sont faites pour notre survie collective en dénonçant ceux qui sont dangereux, tous ces « individus à risque » qui nous entraînent au suicide. Pareille dynamique collective offre un sens à la vie. Prohiber quotidiennement demande de l'énergie, catalyse cette énergie en lui donnant une finalité objective. C'est une lutte unique et acharnée contre tout ce qui est mauvais pour la survie. La prohibition généralisée est la garantie éternelle de toutes les vertus du « bien-pensant ».

SE SUBSTITUANT AUX VALEURS DE LA SOCIÉTÉ, L'INTERDIT PREND LUI-MÊME LA PLACE DE LA VALEUR SUPRÊME. Il peut demeurer implicite, il peut ne point avoir besoin d'être énoncé pour être actif, il s'impose comme cette raison d'être qui protège notre vie des maléfices d'une liberté trop abusive. Il est d'une nécessité irréfutable pour figurer la cohérence future d'une communauté mondiale régie par les mêmes règles de survie. Il est une arme de réparation des erreurs passées et de projection d'un avenir durable. **Et la mort du libre arbitre vient parachever la servitude collective volontaire. L'arbitraire des normes est vaincu par la prolifération des interdits.**

Un scepticisme de bon aloi restera encore autorisé pour laisser croire que la multiplication des interdits a besoin d'être légitimée. Mais cette conquête d'une légitimité de l'interdiction n'est que le trompe-l'œil d'une rationalité coercitive avec sa cohorte d'« il faut ». Non seulement « il faut » se plier aux normes de la survie, mais surtout « il faut » le faire comme les autres. Toute particularité du comportement humain devrait s'évanouir grâce aux bienfaits de cette obéissance volontaire aux règles de la survivance de la masse. Ce que certains sociologues ont appelé l'« individualisme de masse » n'est plus qu'une figure décadente de l'individualité. L'expression de la liberté individuelle, quand elle est réduite au seul individualisme du comportement, se manifeste comme la chimère d'un « quant-à-soi » frappé d'anachronisme. Nous n'avons plus aucune considération pour la puissance d'imagination de l'individualité. Ce qui, dans notre comportement, est susceptible de produire une singularité, se traduit en une « signification dépersonnalisée appartenant à tous et à personne »[5]. Ce ne sont plus que les restes d'une singularité prisonnière des modèles de masse. Provoquant le refoulement de l'imaginaire, le conformisme repose sur la répétition rassurante de l'identique comme unique principe d'adaptation.

---

5. SAMI-ALI (Mahmoud), *Le Banal*, Paris, Gallimard, 1980, p. 26.

Table des matières